Chimpancés comunes

Grace Hansen

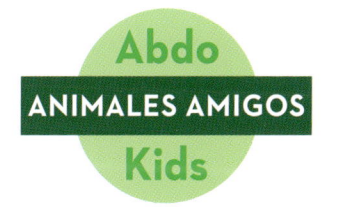

Abdo
ANIMALES AMIGOS
Kids

abdopublishing.com

Published by Abdo Kids, a division of ABDO, PO Box 398166, Minneapolis, Minnesota 55439.
Copyright © 2016 by Abdo Consulting Group, Inc. International copyrights reserved in all countries. No part of this book may be reproduced in any form without written permission from the publisher.
Printed in the United States of America, North Mankato, Minnesota.
102015
012016

THIS BOOK CONTAINS RECYCLED MATERIALS

Spanish Translator: Maria Puchol
Photo Credits: Corbis, Glow Images, iStock, Minden Pictures, Science Source, Shutterstock
Production Contributors: Teddy Borth, Jennie Forsberg, Grace Hansen
Design Contributors: Laura Rask, Dorothy Toth

Library of Congress Control Number: 2015954436
Cataloging-in-Publication Data
Hansen, Grace.
[Chimpanzees. Spanish]
 Chimpancés comunes / Grace Hansen.
    p. cm. -- (Animales amigos)
ISBN 978-1-68080-411-9
Includes index.
1. Chimpanzees--Juvenile literature. 2. Spanish language materials—Juvenile literature.   I. Title.
599.885--dc23
2015954436

Contenido

Hábitat y hogar 4

Alimentación 10

El uso de herramientas 12

Compartir 16

Más datos 22

Glosario 23

Índice 24

Código Abdo Kids 24

Hábitat y hogar

Los chimpancés viven en África. Pueden vivir en muchos **hábitats** diferentes.

5

Los chimpancés viven en los bosques tropicales de África. También viven en las praderas y en los bosques.

7

Los chimpancés viven en grupos. Los grupos pueden tener de 20 a 150 miembros. Cada grupo ocupa un territorio. **Protegen** sus hogares de otros grupos.

9

Alimentación

Los chimpancés principalmente comen fruta y plantas. También comen insectos. Algunas veces incluso se comen a otros mamíferos pequeños.

11

El uso de herramientas

Los chimpancés suelen usar herramientas para comer. Cazan insectos con ramitas.

13

Usan rocas para abrir los frutos secos. Primero un chimpancé encuentra un **yunque** y un **martillo**. Después golpea la cáscara con el martillo. Lo cual rompe la cáscara del fruto.

15

Compartir

A veces un chimpancé no encuentra un martillo. Por eso puede robarle el martillo a otro chimpancé. ¡Esto hace que este otro chimpancé se enoje!

17

Algunas veces el chimpancé pide amablemente usar el **martillo** de otro chimpancé. Otros chimpancés por lo general compartirían los suyos.

19

Compartir es importante para los chimpancés. ¡También el tener buenos modales!

21

Más datos

- Después de los humanos, los chimpancés son los animales que más herramientas usan. Los chimpancés de distintos lugares usan diferentes herramientas para ciertas tareas.

- Los chimpancés se comunican de muchas maneras. Se besan, se abrazan, se hacen cosquillas y otras muchas cosas.

- Los chimpancés se ríen cuando juegan.

Glosario

hábitat – el lugar o tipo de lugar donde normalmente vive un animal.

martillo – objeto duro, normalmente una piedra, que un chimpancé usa para abrir un fruto.

proteger – cuidar algo para que no se lo lleven.

yunque – superficie dura, normalmente una roca plana, donde un chimpancé pone un fruto para poder romperlo.

Índice

África 4, 6

alimentación 10, 12, 14

compartir 18, 20

grupos 8

hábitat 4, 6

herramientas 12, 14, 16

modales 18, 20

territorio 8

abdokids.com

¡Usa este código para entrar en abdokids.com y tener acceso a juegos, arte, videos y mucho más!

Código Abdo Kids:
ACK8911